Tocadiscos

MUSEO SALVAJE

Colección de poesía

Poetry Collection

WILD MUSEUM

William Velásquez

TOCADISCOS

Nueva York Poetry Press®

Nueva York Poetry Press LLC
128 Madison Avenue, Oficina 2RN
New York, NY 10016, USA
Teléfono: +1(929)354-7778
nuevayork.poetrypress@gmail.com
www.nuevayorkpoetrypress.com

Tocadiscos
© 2020 William Velásquez

© Contraportada:
Francisco Trejo

ISBN-13: 978-1-950474-71-4

© Colección *Museo Salvaje* vol. 27
Poesía latinoamericana
(Homenaje a Olga Orozco)

© Concepto de colección y edición: Marisa Russo

© Diagramación:
Luis E. Rodríguez Romero

© Diseño de colección y cubierta:
William Velásquez Vásquez

© Fotografía del autor:
William Ignacio Velásquez Salguero

Velásquez, William
Tocadiscos / William Velásquez. 1ra edi-- New York: Nueva York Poetry Press, 2020.
132p. 5.25" x 8".

1. Poesía costarricense. 2. Poesía centroamericana. 3. Literatura latinoamericana.

*A mis padres,
mis hijos y mi esposa.*

*"La música es como una línea de autobuses.
Como un océano de sangre. Arte contra comercio.
Ideas contra retórica. A veces un desfile de monstruos,
a veces una sala de urgencias."*

TOM WAITS

33 r.p.m.

*"La música es un mundo dentro de sí mismo,
un lenguaje que todos entendemos"*

STEVIE WONDER

TOCADISCOS

Primero fue la aguja
rozando la piel sinuosa del vinilo.

Un prolongado apareamiento
a treinta y tres revoluciones por minuto
y un súbito parto de tonadas dolorosas
gemía desde los altavoces.

Al final vendrá el *scratch*,
como un último jadeo
por ese orgasmo compartido
entre acetato y zafiro.

La música emerge entre los surcos
y de cierto, de cierto les digo
que mientras ardan las melodías
no habrá ralladuras ni saltos que importen.

LOS POZOS DEL CAFÉ

La humeante oscuridad de un café
colma despacio
a su fría homóloga de las noches,
mientras la soledad ensaya
su mueca de espantapájaros.

La voz de Nina Simone gotea en trémolos
sobre los pozos de lo que fue un piano.

Uno tras otro, los minutos
agotan su ciclo de vida,
y un pequeño funeral se oficia tras mis labios,
que hieden a fango, a óxido y abandono,
              y a eso debe apestar
                        el hocico del diablo.

'ROUND MIDNIGHT

En ocasiones,
la noche decanta su cicuta en mi desvelo,
las falanges de Thelonious Monk
percuten las teclas de un piano de sombras,
el reloj junta sus manecillas,
yo entrecierro mis ojos
      y lloramos al unísono.

KIND OF BLUE

Dios tiene las manos negras.
Sus desteñidas palmas son nubes
que llueven armonías etéreas.

La gloria y la eternidad
duran cincuenta y cuatro minutos
       apenas.

El Jazz es una colectiva elevación
en cuerpo y alma
con escala por algunas primaveras.

Los tres divinos fantasmas
son un piano,
      un saxofón
           y una trompeta.

JAZZ EN LAS SOMBRAS

Tránzale a las sombras unos fardos de insomnio
por un afinador de zumbidos
para hacer más llevadero el concierto de zancudos.

Que cada vuelo hacia tu oreja
sea el saxofón de Sonny Rollins,
y la trompeta de *Satchmo* te succione la mejilla.

Que vuelen por la habitación
las escalas de Charlie Parker
y acompasen con su improvisación
las noches de canícula.

Y la palmada en mi cuello
sea el aplauso efusivo
ante la virtud de James Moody,
de *"Cannonball"* o John Coltrane.

Que mi mano por esta vez no se sienta estafada
ni pida la devolución de la sangre bebida
por esa orquesta de vientos
que ensaya tras las almohadas
y cada vez que intento dormirme
        se desafina.

DOBLE MORAL

Aborrezco que me aplaste el aguacero,
pero amo las canciones
        que hablan de la lluvia.

LOS IMPERMEABLES
(Singing in the Rain)

Ahora que somos impermeables,
no tememos al temporal
que amenaza tras las cortinas.

Nos burlamos de quienes se guarecen
bajo cobijas y soledades;
viejos entes capilares que agonizan
traspasados por el aguacero,
como si todos los llantos
se cansasen de su exilio
y volvieran en rebelión
a repatriarse en sus lagrimales.

Salimos a la calle
en burda parodia de Gene Kelly,
bailamos con nuestros paraguas;
saltamos de charco en charco.

La capilaridad se hizo coraza
después de tantos desamores
                y resfríos.

Ahora somos los impermeables:
ya nos resbala cualquier tormenta,
cantamos bajo la lluvia
                ¡y cuánto nos divertimos!

LA NOCHE EN QUE TOM WAITS CREÓ LA LLUVIA

Open up the heavens.
Make it rain.
TOM WAITS

Tom Waits se acerca al micrófono.
Carga en sus dedos un cigarrillo.
Dos ángeles de nicotina
crecen a sus espaldas.
El contrabajo gime un lamento
parecido a la tormenta.

Tom desperdiga su telúrica voz
sobre la audiencia.
          Todavía no fuma.
Quiere que los ángeles
copulen sobre el escenario.
Quiere creer en la gracia del mundo.
Presume su dicción de Dios paupérrimo
para rasgar el nubarrón
          y hacer que llueva.

La guitarra es un cuervo que pasa graznando
y se lleva en sus garras
los ojos de los músicos.

Waits gesticula contra las puertas del Hades,
y envuelve a sus feligreses
con el humo del misterio.

Empuja las manos al cielo y ordena:
"Hágase la lluvia…"

Entonces, un diluvio

que durará cuarenta noches,
convierte los altavoces en cataratas
que arrastran el piano
y su sombrero de copa
hasta las últimas comarcas
del infierno.

RINGWEAR

Aunque la fricción de las décadas
me haya marcado el semblante,
y llevo desgaste en los costados
o algún raspón que afea mi cuerpo;
la música que me habita
todavía permanece intacta,
y es quien me libra de la muerte.

COHENIANA

Con un bolígrafo entre sus dedos,
la mano de Leonard Cohen era un brasero
que inmolaba el rigor
de un millón de enciclopedias.

Y para contrarrestar tanto fuego,
su voz fue un acogedor frigorífico
donde reposaron las partituras
mientras arreció el otoño allá en la luna y,
con tan sólo contemplarla,
su helado soplo nos deshojaba los párpados.

PLEGARIA A JANIS JOPLIN

Cierro los ojos ante tu voz corrosiva,
y levito en los umbrales
de un infierno metafísico,
Bruja cósmica de la constelación del blues,
Beatriz alcoholizada
en la maldita comedia de mi insomnio.

Deidad etílica de mi somnosfera,
recíbeme esta noche en tu entrepierna.
Quiero escucharte gemir
como lo hacías en *"Summertime"*
desde tu lecho de huesos.

Aunque eras fea, lo admito,
desearía verte proferir
ese aullido poderoso
de *"Piece of my Heart"*
enredada entre mi cuerpo.

Musa despeinada y psicodélica,
trunca ya tu larga muerte
        y resucita
como la diosa que eras.

LA ANCIANA QUE PUSO EN VENTA SU ESCALERA
(Coda para una canción eterna)

To be a rock and not to roll.

JIMI PAGE

Se cansó de llamar ante el claustro de las puertas;
de su periódica alucinación de anillos de humo,
de la tonada del flautista
que a la razón no supo guiarla,
　　　y ahora pone en venta su escalera.

La dama que con una palabra
creyó comprar el cielo
descubre con pesadumbre
que fue estafada por el viento.

La dama envuelta en esa luz
que ya no es blanca
llega a su ocaso sin la canción
del ave que ronda los ríos.

No atinó por cuál senda internarse,
se ve de pronto derrotada
por el seto de los años
　　　y ahora pone en venta su escalera.

La dama que se hizo anciana
antes de convertirlo todo en oro,
desconfía del doble sentido
de las señales de la pared.

Quiere ensordecer ante la risa de los bosques,
ser una roca y no moverse.

Se harta de todo cuanto le da qué pensar;
no anhela para sí ni una migaja de gloria
        y ahora pone en venta su escalera.

VARIABLES DE LA LUZ INTERIOR
(Salmo a George Harrison)

De Harrison aprendimos a esperar
nuestro momento,
a ser faro mientras nos simulamos sombra;
sin dejarnos flagelar ante el fulgor de otros astros.

Por la mística de su pluma aprendimos *Algo:*
la balada más hermosa de esta era
tan sublime que hasta *La Voz*
quiso ponerla en sus labios.

Supimos que el mejor amigo
un día puede
embellecernos la canción
con el prodigio de sus dedos
y al siguiente saquear
el amor de nuestra vida,
y a pesar de la injuria
guardar aprecio por ambos.

Distinguimos a Dios y a Krishna
confundidos en la muchedumbre
moviendo sus cabezas al ritmo de la música
y bajamos del escenario un instante
para abrazarlos.

Levantamos un palacio con cajas de galletas
desde el cual vimos venir el sol
y tuvimos cautela ante la oscuridad,
porque George nos cantó sobre la luz interior
pero también nos demostró
que todo está de paso.

Tratamos de mitigar la hambruna del mundo,
denunciamos con alegría
la artimaña de los cerdos
y el reparto desigual
de la recaudación de impuestos.

Llevamos una cítara
cimbrando en el pecho,
abogamos por amor y paz
para la tierra,
prendimos una vela y un acorde
por la memoria de nuestros hermanos
y en un mundo material
nos sentimos un poco sabios.

Porque hay un ente espiritual
que no nos deja desintegrarnos
allá donde los huesos reniegan su espacio
y el llanto de una guitarra
se corporiza en sus latidos
como puñados de siglos
ortigándonos las manos.

CRISANTEMOS PARA MARY POLE

Dancing in the deepest oceans
Twisting in the water
You're just like a dream...

ROBERT SMITH

A Lawrence Castro

Sobre las huellas de su sombra,
el joven Robert cruza el jardín de Mary Pole,
asustado por lo que el mañana le depare.

Carga uno de esos ramos que acortan
los días otoñales.
Toca la puerta y espera.

Ella abre y se sorprende:
el peinado del muchacho
se alarga en el embrujo
de sus flores favoritas.

Él prometió que incluso cuando
los Tres Chicos Imaginarios fueran famosos,
sería siempre su crisantemo
y en su honor llevaría el cabello alborotado.

Y entonces los vio bailar el mundo
a orillas de un acantilado,
girando sobre el agua
como lo hicieran a solas en Cabo Beachy,
moviendo los labios para respirar sus nombres,
desmayados en el suelo desde un beso.

Con las canciones que compuso para Mary,
Robert se convirtió en una estrella
y encontró *la cura* para tantas soledades.

Ella envejeció junto a su amado
cabeza de crisantemo
extraña como los ángeles,
tras el anonimato,
       suave y única,
              igual al cielo.

CROSSED LEGS (OST)

Hoy que las bajas pasiones invaden
las letras y los diales de la música latina,
rememoro las noches de los noventa
cuando que se detenían
la respiración y los párpados de todo el planeta
mientras Sharon Stone
        frente a la gran pantalla
                cruzaba las piernas.

ÁNGELES ELÉCTRICOS

*Pasa el tiempo y ahora creo que
el vacío es un lugar normal.*

GUSTAVO CERATI

Recorrió de punta a punta
la pampa de los años vegetales.

Decidió que era el instante de la fuga,
dio la espalda a la normalidad de su vacío.

Supo que ese día común era ideal
para decir adiós.
            De súbito creció.

Agitó sus nuevas alas,
se colgó la guitarra y siguió el rumbo
del gran Pappo y de Spinetta.

Y allá, donde revientan las estrellas,
mientras prendíamos la hoguera en su honor,
presenciamos, esta vez, no la caída
sino la precoz ascensión
            de otro Ángel Eléctrico.

EL OÍDO ABSOLUTO

Las bocinas de los automóviles
están afinadas en Re mayor.

La maldición de reconocer
con exactitud cada sonido
pasó una alta factura a Charly.

Por eso compuso
una canción para su muerte,
incendió las cortinas
y saltó de un sexto piso
hasta una piscina vacía.

Pero su mal cálculo
le hizo clavarse
en los suampos de la leyenda.

Algunos locos son tan impresentables
que no seducen ni a la huesuda.

Bendita suerte la mía
que no padezco de oído absoluto:

Yo no quiero volverme tan loco.

CARTA A UN SALSERO INSURGENTE

¿De qué nos vale el tener inteligencia
si no aprendemos a usar la conciencia?

RUBÉN BLADES

No puedo bailar tu salsa, Rubén.

Me niego a pasar por alto
tu palabra inteligente,
a moverme como un gregario más
so excusa de una percusión enérgica.

Me niego a seguir el son que cosquillea
bajo las plantas de mis pies
en detrimento de tu poesía.

Prefiero quedarme sentado y meditabundo;
desmenuzar tus canciones
hasta encontrar bajo las corcheas
el cadáver de Pedro Navajas,
la soledad de Juana Mayo,
la decepción de Pablo Pueblo
y a todos los desaparecidos
de la sociedad que denuncias.

No puedo bailar tu salsa, Rubén.

Ya estoy viejo para contratar
una instructora,
nunca fui un chico plástico
y nací desprovisto de toda cadencia.

Tampoco entiendo a quienes te bailan,

poeta del pueblo,
portavoz de la desesperanza,
cronista de los tiempos
que nos traspasan con sus filos.

No puedo bailar tu salsa, Rubén,
y te agradezco
porque haces que mi conciencia se mueva
con el sabor y la algarabía
que mis torpes piernas
            no encuentran.

ANTI ROCKSTARS

Esto no es el Madison Square Garden
o el estadio de Wembley,
ni nosotros somos Rockstars,
hermano poeta.

No hay juegos pirotécnicos o pantallas gigantes.
Los reflectores no persiguen
nuestra danza frenética.

Sólo tenemos una mesita,
sendos vasos con agua,
y un micrófono mal amplificado
que nos turnamos por momentos.

El público no alcanza
ni la media centena;
sólo vienen a observarnos los más allegados,
la mayoría no entiende nuestro verbo;
otros llegaron porque el anuncio
prometía un refrigerio.

Es como si viéramos el *"trailer"*
de nuestro propio funeral:
aquí te das cuenta
de quienes te aprecian.

Esto no es Waken ni Lollapalooza,
hermano poeta.

No ansíes la ovación ni encendedores en alto;
mucho menos se te ocurra
lanzarte de espaldas sobre tu público.

Ellos no van a pasearte sobre sus manos,
no quieren un souvenir tuyo
para su cofrecito de tesoros.
Tampoco van a comprar tu libro.

Si levantas la vista mientras lees,
te frustrará constatar
que muchos se durmieron.

No somos Rockstars, hermano poeta,
nunca seremos un póster al costado
de la cama de las chicas que vinieron.

Nuestro editor nos transmite en vivo
porque no alcanza el presupuesto
para lanzar un DVD con la función en multi ángulos,
o un segundo tiraje de estas obras
que tanto nos consumieron.

No soy Frank Zappa ni tú Jim Morrison,
hermano poeta.

Nuestros textos inéditos,
o la pluma con que firmamos
jamás serán subastados
a precio de Caviar Almas
si nos revuelca la muerte.

Pero te incito a que leas,
como si cantaras en Las Ventas de Madrid,
en el Teatro de Bellas Artes,
o al menos en el Troubadour,
tras la estela de Don McLean,
de Bruce Springsteen o de John Lennon.

Lee, porque no hay más remedio

que fantasear con la hiel del éxito,
porque se vale alardear
que enfrentamos la hoja en blanco,
y que salimos airosos de ese duelo.

No somos Rockstars, hermano poeta;
no hay un rotulito de **Sold Out**
franqueando la entrada de este aposento.

No haremos gira mundial con nuestros libros;
incluso podría pasar
que nunca más publiquemos.

Lo más seguro es que nos ignoren
la pena, la gloria,
nuestros lectores, los caza talentos.

Así que sigue humilde,
encórvate sobre tu cuaderno,
traza toda la luz de tu palabra;
y haz un solo de eternidad con tus versos.

Ni tú ni yo somos Rockstars,
hermano, amigo:
Tan sólo somos **m e n s a j e r o s**.

TOMBSTONE BLUES

Esa parte del vinilo
donde se acaban los surcos
y la aguja se precipita
hasta embestir el silencio;

ahí, donde no hay ruidos
ni compases análogos

es una especie de simulacro
del funeral
que nos espera.

VILLANELA BOWIEANA

A Pablo Salas

Cuando de Bowie se trata
soy como un gnomo risueño:
mi nostalgia se desata.

El mundo es cosa barata
te lo vendo por un sueño
cuando de Bowie se trata.

Ziggy Stardust en fragata
del espacio se hizo dueño
mi nostalgia se desata.

Lázaro que nos dio lata:
morir es algo halagüeño
cuando de Bowie se trata.

De tantos ritmos se hidrata;
el pop le quedó pequeño
mi nostalgia se desata.

La muerte no le arrebata
su esplendor y la desdeño.
Cuando de Bowie se trata
mi nostalgia se desata.

EPITAFIOS DE LA FRANELA

Kurt Cobain y su bala auto infligida.
Chris Cornell con la soga al cuello.
Layne Staley y el *Speedball* en sus venas.
Scott Weiland y Shannon Hoon:
dos corazones atascados de cocaína.
Andrew Wood y la heroína
como una *manzana* que lo devuelve al polvo.
Mike Starr y su ansiedad ungida en metadona.

Sobre aquella gloriosa Generación Grunge,
las agujas del tiempo van bordando
                         puros epitafios.

ELEGÍA GRUNGE

Le abruma el parecido
de los antidepresivos y las balas;
igual que el agua o el vodka
        o la miseria y la fama.

Casi son lo mismo,
como aporrear la soledad
o una guitarra.
Comprimidos que se adentran
en el cuerpo
        y lo descansan.

Cobain lo sabía,
aunque ya no le importaba.

Pudo servirse un trago de vodka,
un sorbo de agua.
Beber una píldora y esperar
la explosión de la euforia
        y luego la calma.

Pero Kurt,
a secas y sin más dilaciones
        prefirió la bala.

LLORA, GOVINDA

A Jose Capmany. In Memoriam

Te dolerá esa mañana infortunada,
el parpadeo fatal que truncó lo vivido;
el frío y el silencio
desde entonces arraigados.
A ti que eres madera,
que de morir no albergas esperanzas
de no ser por el fuego,
te dolerá y serán dagas insoportables
tus doce cuerdas mudas,
tu arpegio vacío.

Extrañas su abrazo de sol peregrino,
las noches de gira por todo el territorio,
las íntimas horas
borrachos ambos de acordes
            y caminos.

Hoy sigues ebria y llorando
la farsa de su voz
que prometió volver,
            que traería la vida;
y tú le respondías, Govinda,
con tus tonos menores
            y tus séptimas efusivas.

Ya no despertarás con su beso,
viuda del pentagrama,
guitarra inerme y abatida.

Te dolerá el claustro compartido

aunque a distancia:
él bajo su lápida grabada,
tú adentro de un estuche enmohecido;
dimensiones paralelas
surgidas de un mismo sitio:
del Cerro de la Muerte.
Octubre 13. Un sábado frío.

LITA

Tu muerte será arte
LA NUEVA P

Tarde me llegó tu voz, pero ha llegado
aunque con cierta agrura,
propia del fermento de las décadas,
que hace de mi cabeza una pecera
empañada por la asfixia de mil batracios

como si el arte de volar
mientras se canta
te convirtiera en una diáspora
que emancipó bailando
sobre las ondas del funk
hacia dimensiones que no conocemos.

Tarde me llegó tu voz,
   figúrate,
      tres años,
tan simple como una línea perdida
en una reseña

ahora me tienta trazar
en tu nombre un llanto de letras
que suplante las lágrimas
no vertidas a tiempo
cuando te ibas rezagando
tras las oscuras
bambalinas de lo etéreo.

DÉCIMAS AL CLUB DE LOS 27

I

Del Club de los Veintisiete
no quedan más que memorias,
antología de historias
sobre adicciones y muerte.
No es fácil que te despierte
el éxito en mala hora
y una multitud te adora
cuando eres un simple adicto
que huye como un convicto
de la fama que deploras.

II
(1938)

Era el Rey del Blues del Delta,
del Rock and Roll el abuelo;
y aún existe algún revuelo
por su muerte no resuelta.
Dicen que en una revuelta
de un balazo se fue al foso,
o que un marido celoso
con whisky lo envenenó.
Este Club lo inauguró
Robert Johnson, el grandioso.

III
(1969)

Se creían los más rudos
de la Invasión Británica;
tenía fuerza titánica
su Blues de matices crudos.
Un rumor nos dejó mudos;
cuando la Gloria es tan terca
la fatalidad se acerca:
ha muerto un ex-Rolling Stones.
El cuerpo de Brian Jones
ahogado bajo la alberca.

IV
(1970)

Un cuarto lleno de espejos
es un sitio peligroso
para un músico virtuoso
frente a sus propios reflejos.
Entre sonidos complejos,
pastillas, vodka con hielo,
sonriéndole a su flagelo,
leyenda de la guitarra,
Jimi Hendrix se desgarra
para irse a besar el cielo.

V
(1971)

Frustrado como poeta
en el rock halló fortuna
mas ello le trajo una
vida triste e incompleta.
Todo era una careta,
de la fama estaba harto.
Drogado se fue a su cuarto
con expresión plañidera
y muerto en la bañera
hallaron al Rey Lagarto.

VI
(2011)

Amy Winehuose alcanzó
a beberse tres botellas
hubo un apagón de estrellas
cuando la nada abrazó.
Con vodka se propasó
de otras drogas no hay recuento
dentro de su apartamento.
A la rehabilitación
dijo "No" en una canción
y ese fue su testamento.

VII

El aroma que la muerte
nos ofrece es muy variado:
huele a plomo disparado
huele a vodka en cuerpo inerte,
píldoras en dosis fuerte,
huele a éxito que agobia,
a claustro y agorafobia.
Si Veintisiete es tu edad
y la fama tu ansiedad
haz a la muerte tu novia.

TANGO DEL ABRAZO POSTRERO

Basado en hechos oníricos

Tan pronto oímos el ronroneo
sucubino del bandoneón,
nos trenzamos en la enredadera
de un pentagrama arrabalero.

Bailamos sobre campos minados.
A cada movimiento, un estallido
arrancaba alguna prenda.
Las vísceras de luz
hacían gala de su hedonismo.

Piazzola era un médium
que encarnó en partituras
el ectoplasma de la lujuria.
Nos desmembramos al compás
de un tango libertino.

Y en el instante previo
a convertirnos en despojos,
mi cráneo le prodigó,
entre los coágulos de la barbarie,
un último beso de Judas,
y ella, sin cobardía alguna,
me envolvió con el abrazo
de la Venus de Milo.

MIGRACIONES

En temporadas de carencia,
los acetatos comprenden su destino migratorio.

Una mañana el tocadiscos amanece
como una jaula profanada.

La aguja se destroza contra el vacío
y sus análogos trinos emigran
a otras latitudes.

Pasará una larga estación
sin que nadie baile
un twist de Chubby Checker,
les faltará a los cuerpos el roce
sugerente de una Lambada,
el silencio cubrirá de escarcha las baldosas,
y las arañas de Marte
no tejerán más pentagramas.

A falta de música,
el ahorro encarniza
su trabajo de oruga;
poco a poco se subsanan
las fisuras de la alcancía,
la baba de la austeridad
cicatrizará las deudas
y es posible que, a futuro,
seducidos por una lejana brisa de bonanza,
y a pura excusa de saudade,
algunos discos regresen
a su primera guarida.

45 r.p.m.

*"La música compone los ánimos descompuestos
y alivia los trabajos que nacen del espíritu"*

MIGUEL DE CERVANTES

1977

In 1977
you're on the never never

JOE STRUMMER

Fue un desliz de la oscuridad
que dio paso
a un estado de conciencia.
Fue la inercia fecundada
en un descuido
del que no tengo culpa
ni pena.

Fue el año de la serpiente,
de *"Hotel California"*
y *"Polvo en el viento"*;
el que acabó bajo un signo
de tragedia,
ya sin Chaplin, ya sin Elvis,
mientras un joven Joe Strummer
clamaba por irse al cielo.

Por ese año yo flotaba
en un amniótico sueño
y de él nada recuerdo.

Pero antes de su final,
que fue mi principio,
le entoné mi primer llanto

al mundo,
y me quedé a incrementar
la curva poblacional
disparada sin contingencia
a tres mil millones de bocas
egoístas y hambrientas.

AMAR Y VIVIR (BOLERO)

A mis padres,
Ana Grace y Rafael Ángel.

Mi padre pincha un elepé
de Daniel Santos,
canta desde su escritorio
y su voz de locutor se desborda
sobre los nimios decibeles
del enclenque tocadiscos.

Al otro lado de la casa,
mi madre tararea bajito
las mismas estrofas,
envuelta en los sahumerios
que preceden el almuerzo.

Así sostienen su romance
desde hace más de medio siglo:
cada uno en sus quehaceres,
compartiendo a la distancia
la breve aparición de un requinto.

Jamás sus besos profanaron
la ingenuidad de mis ojos,
pero se nota que se aman
con ese afecto añejo,
entre maracas y economías;
a la antigua
            como esos melifluos
estribillos de bolero.

VOY A PASÁRMELO BIEN

A mi madre,
Ana Grace Vásquez.

Nunca tuvimos una tornamesa en casa
y aun así, oh madre,
mis monedas de la escuela se quedaron
en la alcancía;
serían semanas de hambre en los recesos
para comprar mi primer vinilo.

Seiscientos diez colones eran
una pequeña fortuna
para un niño de once años en 1989,
mas yo quería ese álbum de portada monocromática
con cuatro rostros hirsutos.

Al ritmo de aquellas mesadas,
tardaría décadas en reunir el dinero.
Te enteraste de mi ahorro y un viernes
parte del presupuesto familiar
canjeó el valor del acetato.

Nunca tuvimos una alacena rebosante en casa
y aun así, oh madre,
sacrificaste uno o dos kilos de carne,
tal vez un paquete de arroz o algún dentífrico;
con tu regalo diste a luz mi colección de discos,
y para mí fue tan grandioso
como nacer de ti dos veces.

Grabé en un casete el elepé completo.
Soportaste estoicamente la insistencia
de esas canciones,
mi baile emocionado por toda la casa
y la vocecilla de David Summers
nasal y divertida.

De todos tus regalos materiales, madre,
con especial afecto conservo aquel vinilo.
Treinta años hicieron mella en el color de la funda,
pero los Hombres G aún me miran en blanco y negro,
y aunque ya estoy un poco viejo
también *hoy me he levantado dando un salto mortal.*

MI PADRE DEBERÍA LLAMARSE BOLERO

A mi padre,
Rafael Ángel Velásquez.

Así como Lennon decía que *Chuck Berry*
era el otro nombre del *Rock And Roll*;
si yo pudiera rebautizar a mi padre
le llamaría *Bolero*.

Su voz monumental
es como un gallo que despierta a los volcanes,
una erupción de sonatinas,
un magma de requintos y punteos.

Quisiera cantar tan bien como mi padre.
Me compró una guitarra tal vez con la esperanza
de que aprendiera un par de círculos
y trocar por serenatas el pan de la casa.

Pero yo le aposté al Rock And Roll,
influido por el mito de los Beatles
y por el fuego fatuo de Nirvana.

Algunas veces me sumerjo
en su colección de vinilos
y me embriaga la majestad armónica
de Cantoral o de Los Panchos.

Cómo se pasa del riff al arpegio;
del *mosh* y el *headbanging*
al sensual baile cuerpo a cuerpo;
del vértigo del *glam rock*

a la bacanal agridulce del bolero,
son misterios que mi edad
apenas va resolviendo.

Pero sí sé que de mi padre guardaré
esas canciones
que fueron mis primeros e intangibles poemarios.

Porque mi padre, cuando yo era niño
y él cantaba,
no hacía más que prestarle su voz
a mis quimeras.

EN ALGÚN LUGAR
(Alegoría de una Orquesta Imposible)

Para ser miembro de la estudiantina
del colegio de Puerto Sin Mar
no era necesario ser un virtuoso.

Si aportabas un casete cromado
ya estabas adentro.

Nuestra primera canción
debió ser aquella de Duncan Dhu,
pero en cuestión de ensayos
no llegamos ni al tercero.

Sin mayor explicación se canceló el proyecto,
y las cintas con las partes de nuestro repertorio
nunca nos fueron devueltas.

En algún lugar de la casa del profesor,
crecía una exquisita colección musical
grabada en aquellas piezas carísimas,
cortesía de sus estudiantes ingenuos.

Nunca supimos si todo fue un gran timo
o si se frustró al corroborar que sus alumnos
éramos tan parecidos a los músicos de Bremen:
puros animales con los instrumentos.

LA NOCHE STONIANA
(Time is on my side)

¿En qué peñascos se descalabraron,
por siempre jamás,
las piedras rodantes de mi juventud
donde solía hacer maromas,
corría y saltaba de una a otra;
cantaba y jugaba con el fuego?

Mi adolescencia fue un blues desafinado;
un Círculo de Sol torpe y anacrónico
amenazado por los caballos salvajes
de la tabla periódica y la trigonometría.

Pero al final de cada noche,
         ensimismado e ileso,
a dúo con Mick Jagger desde la casetera
entonábamos por horas aquel estribillo:

> *"Time... time... time...*
> *is on my side... yes it is..."*

hasta que, algo convencido o engañado,
mi cuarto se iba pintando de negro
y, poco a poco, me quedaba dormido.

SONETO PUNK

Hey Ho, Let's Go

RAMONES

"¿Puedo salir y matar esta noche?"
Le pregunté a mi madre, y asustada
se santiguó y quebró de una patada
mis discos de Misfits entre reproches.

Quería yo tatuarme una esvástica
y aprendí las canciones de Eskorbuto,
del Hardcore me creía gema en bruto
pero me derrotó su ira tan drástica.

Con mi gloria truncada en sus inicios
menguó aquel gran amor por la guitarra
y el discurso incendiario de Evaristo;

rompí ese enorme poster de Sex Pistols
y mi faceta Punk fue así enterrada:
rauda, como la muerte de Sid Vicious.

CIUDAD PARAÍSO

(Elegía Glam Metal en Sol Mayor Fallido)

Rasgué un Sol Mayor y resurgieron
en tropel mi rebeldía,
la melena y el tatuaje que no tuve,
una banda que no logró articularse
o el beso que desde el aula me lanzó la chica rubia
pero sobre el pasillo se hizo polvo y huesos
        sin alcanzarme.

"A veces las mujeres son tan frías" – cantaba Izzy
    "¿Cómo ella puede verse tan bien?" – susurró Duff.
Yo sólo atiné a devolverle una mirada torpe;
pues en aquel tiempo, mis sentimientos constituían
un misterio para el mundo,
como los ojos de Slash bajo el sombrero de copa
y tras el ahumado cristal de sus Ray-Ban enormes.

Fallé un riff y volví a mis noches de colegio
cuando, con diccionario en mano,
traduje las canciones de los *rockstars* del momento.
Con Axl aprendí cierto léxico
que no estaba entre las páginas
de mi Pequeño Larousse verde.

Hoy podría gritárselo a mansalva al universo,
pero me he vuelto frágil al cabo de los años
y siento como si me golpeara un caballo muerto
si Rose atraviesa desnudo y encorvado

la pantalla del televisor; me ruega que no llore
mas yo no me contengo.

Ahora que noviembre dispara su aguacero,
uso mis ilusiones para crear un arpegio
que me devuelva a casa;
y acabar los proyectos aplastados por las ruinas
de un Sol Mayor que no brilló nunca
allá en mi lejana Ciudad Paraíso.

BALADA VERDE

¿Cómo escapar de esta poesía sin final?

MARCIANO CANTERO

A cuestas con mi grito y mi cruz,
la busqué en habitaciones extrañas,
entre el simulacro y el rumor
de mis pasos cohibidos.
Saltamos uno en pos del otro
la muralla de la infancia;
tramamos la fuga contra reloj
a las comarcas del deseo,
donde tres verdes hombrecillos
nos veían y se mofaban.
Por fin la hallé bailando
su etérea danza de enigmas
al son de guitarras blancas
que punzaban la noche
y así echó a rodar
el carrusel de pasiones,
el sube y baja de mis manos
por su mustia cordillera,
su néctar endulzando mis papilas;
y fue tan dulce el riesgo que,
sin percatarnos,
pasó la juventud en un tren sin retorno
y nos dejó rumiando esta rutina
de eternas soledades enlazadas,
el mutuo big bang en el que ardimos
desnudos ante la muerte,
y no nos preocupó
que el mundo volara en pedazos.

HÉROE DE TRES ACORDES

A working class hero is something to be

JOHN LENNON

Para mis hijos: Paula, Wendy e Ignacio

A los veinte años, fue frustrante escuchar
la recomendación de Lennon:
"hay que ser un héroe de la clase obrera".

Con esa edad usted quiere
despotricar contra el mundo tras una guitarra,
ejecutar solos de quince minutos
entre escalas psicodélicas.

Usted quiere ser la Morsa,
no ese tipo de gafas, overol y barba,
que incitaba a las rebeliones
con una cancioncilla de tres acordes.

Lo imagina sentado en una mansión,
incapaz de calcular su fortuna;
recuerda aquel comentario megalómano del '66
que desató la quema de sus discos,
compara la belleza de Cynthia Powell
con las horribles tetas de Yoko Ono
en la carátula del *Two Virgins*,
y por un minuto aprueba
las perturbadas balas de Chapman.

Pero el precoz anuncio de la paternidad
me hizo acatar su consejo:
cambié las seis cuerdas por un oficio,

trabajé jornadas interminables;
las noches de gloria del rockstar que iba a ser
fueron horas extra entre maquinarias,
tiaminas y tazas de café,
sacrificando el sueño para redondear un mal sueldo,
porque pasaba el tiempo,
las niñas ya iban a la escuela,
y en el vientre de mi esposa
el hijo menor coronaba la familia.

Dos décadas después me resigné a que la fama
no guarda pedestales para entronar mi sombra,
ya casi olvido la forma de tocar la guitarra,
sé cómo convivir con la calculadora.

Comprendí que mis hijos son esos tres acordes
que buscaba entre delirios,
y para ellos soy un héroe
hecho de historias, complicidad y juegos.

El karma es un esperpento de ojos vendados
y aunque la vida nos desgasta,
después de todo, tenía razón John Lennon.

CONTRA-TANGO DE LOS VEINTE ABRILES

Sentir que es un soplo la vida,
que veinte años no es nada...

ALFREDO LE PERA

A Paula Raquel

Yo que me entretengo
diseccionando canciones,
de aquel tango mentiroso
conservé tus veinte abriles.

Ya ellos deben ser algo;
tal vez no un soplo,
        sino un torbellino,
pues con su enrosque frenético
me embistió la vida.

Pero en sus páginas te nombro
y giro en un traspié
nuestros marchitos calendarios
para volver bailando
        como viajeros que huyen
                hacia tus años de niña.

ESCUCHA LA SALMODIA DE AQUEL MIRLO
QUE TE LLAMA

Blackbird singing in the death of night
take these broken wings and learn to fly

PAUL MCCARTNEY

A Wendy

Presta atención a la partitura de la noche.

De todas las teclas del cosmos se fragua una melodía,
escalas de pesadilla
sin clave de Sol para atar las horas.
atiende al vacío que regurgitan las sombras
y escucha la salmodia de aquel mirlo que te llama.

Pero no mires de cerca su espectáculo umbrío,
te perderá por los trillos demarcados con una lágrima.

Yo vengo de vuelta de esos parajes insomnes;
de milagro estoy contándote
los infiernos que he visto.

Los surcos del pentagrama debí torcer
para encontrarme
de vuelta en la claridad,
        y fue difícil el giro.

Es bella la entonación de la soledad;
¿por qué discutirlo?
parece un aria al portador, pero es una trampa;
un canto de sirena que descascara tu navío.

Presta atención a la memoria de tus huesos,
el crujir de su silencio
tendrá siempre algo que decirte.

Marca el compás de la canción que te llega de lejos,
y baila sobre tu propio eje;
no acudas a su hechizo.

Escucha la rapsodia de aquel mirlo que te canta,
pero
cuando diga tu nombre
mejor tápate los oídos.

VERSIÓN CASERA DE TOMMY Y GINA
(Living on a Prayer)

You live for the fight when it's all that you've got

JON BON JOVI

A Ignacio

Si te fijas bien,
       tu madre y yo
podríamos ser Tommy y Gina.

Ella ofrenda al hogar,
por amor,
su poca paga;
Yo trabajo en un medio
que a veces se vuelve mezquino.

Nos conocimos desde el colegio,
y aun cuando las grietas
de la vida dictaminan
que lo mejor sería alejarnos;
al igual que esos personajes
de tu canción favorita,
optamos por el abrazo.

Por las noches, cuando ya sueñas
con superhéroes o dinosaurios,
hacemos planes de corto plazo,
organizamos la economía
y nos dormimos con la promesa
de un mejor futuro
bajo la ciénaga de nuestros párpados.

Por mí has conocido las leyendas,
el olor de un acetato
en plena época de streaming,
las biografías de algunos músicos
en cuyo gusto coincidimos.

Por ella aprendiste
las cosas importantes;
a nunca acostarte sin terminar la tarea,
que despertar es la respuesta
para cualquier fantasía.

Nunca tendrás un modelo nuestro
en tu colección de mini figuras.
Con que lo lleves
en el espíritu de tus luchas
nos conformamos.

Tu madre y yo
podríamos ser Tommy y Gina:
nos aferramos a lo que tenemos,
vivimos de una plegaria;
nos tomamos de la mano
en esta contienda
que enfrentamos a diario.

SCREAM FOR ME, CENTROAMÉRICA

Take my hand, I'll lead you to
the promised land.
Take my hand, I'll give you immortality

STEVE HARRIS

Aquel 26 de febrero del 2008,
en un pacto firmado con la transpiración
de treinta mil rockeros de todo el istmo,
fundamos la Capitanía General
de las Camisetas Negras.

Por primera vez una banda legendaria
visitaba nuestra tierra;
la fraternidad ungía el ambiente,
y jamás olvidaré que un hondureño
me salvó de morir aplastado
por el tropel de botas metaleras.

Una mano de cada país escarbaba
en mi bolsa de frituras;
comimos a partes iguales,
bebimos de la misma botella.
Era el prodigio de la multiplicación
de los peces y los panes;
nos protegíamos del sol
bajo una carpa de siete banderas.

Cuando a las 4 de la tarde
el estadio abrió sus puertas,
la multitud me empujó
hacia la boca del monstruo,
pero ahí estuvo ese catracho

corpulento y bajito
que interpuso su espalda ante la estampida,
y tiraba de mi brazo para que no cayera.

Llegamos a salvo a la gramilla
para presenciar la liturgia
de la Bestia y la Doncella.

Esa noche, en una voz colectiva,
coreábamos *"Heaven Can Wait"* y,
poseídos por tanta música,
la nacionalidad era una anécdota.

Y aunque Bruce Dickinson bramaba
"Scream for me, Costa Rica",
nuestro grito era el júbilo hermanado
de toda Centroamérica;
milagro que nos concedió
la única doctrina en la que creo:
la sudorosa y desgalillada
Religión del Heavy Metal.

PARQUES

Vespertina bipolaridad de los parques:
tan repletos y a su vez tan desolados.

Cientos de otredades se congregan.
Los ancianos regurgitan sus historias,
los niños corren tras botellas de plástico.

Evangelistas y vendedores vociferan
ensimismados;
prevaricadores de estirpes paralelas,
alimañas oferentes del milagro.

Un violinista callejero, por unas pocas monedas,
me transporta con su *"Let it be"*
al giro de mis acetatos.

Dos hermosas muchachas pasan a mi lado.
Llevan desnudas sus piernas.
Ondulan cual medusas sus cabellos pintados.

Sin embargo, estoy hambriento
y no atiendo sus encantos:
Con fruición devoro un bocadillo
y a mis pies una paloma picotea las boronas
como dádivas de un dios desheredado.

Nos hicimos compañía, en frugal cena comulgamos;
pero se aburrió de mí y desertó,

revoloteando.

La soledad es una sombra de aves taciturnas.
Una migaja de tiempo que en ocasiones nutre
y tantas veces nos causa espasmos.

KARAOKE

Apago el tocadiscos.

La noche me tienta a refugiarme
entre los libros.

Por el simple capricho de imaginar sus voces,
presto mi voz a los versos
que otros han escrito.

Elijo el repertorio y afino la garganta,
como en un karaoke
de mis poetas favoritos.

Estoy solo; no obstante,
en determinado momento,
ellos salen de las páginas
para leer conmigo.

Los oigo declamar
desde sus tronos de sombras,
como abuelos mesmerizados
en el fondo de mis tímpanos.

Verso tras verso bailamos
ebrios de ritmo y cadencia.

Las voces del pasado
son pájaros inhumados
que tejen con hebras de luz
el nido de mi conciencia.

LOS DECAPITADOS

(Pequeña sátira sobre un taller literario)

Uno a uno desfilamos
hacia el ritual de la disección.
En la Insólita Corte de las Letras
todos somos jueces y juzgados.

Llega el momento de quitarse la capucha.
Siempre nos sudan las manos.
Desahogamos la última voluntad,
ofrecemos la nuca en sacrificio
y el tribunal rotativo toma nota y delibera.

No hubo clemencia. Cae la navaja;
nuestros sesos ruedan en vueltas carneras,
sangran a los pies del Gran Verdugo
y agradecen la sentencia.

Los cuerpos celebran su orfandad
haciendo piruetas, y bailan *moonwalking.*
y bailan *catala,*
felices del despojo de sus conciencias,
esas larvas filosóficas
que ni dormidas descansan.

De pronto la masacre da paso a los abrazos;
proclamados descendientes de la suerte de Villon,
salimos a escribir nuevas fechorías
y a redimir nuestras erratas.

Pero antes de que alguno intente
presumir de la indulgencia,

las cabezas retornan a sus troncos
y los llaman a la cordura:

Que nadie se crea libre de una futura condena;
siempre seremos culpables
bajo la guillotina de la palabra.

DISCOS VIEJOS

Algunas tardes escucho bandas
borradas del planeta.

Ningún amigo las recuerda.

Si no fuera por mis discos,
las creería alucinaciones

      (como los amigos)

En esta sala, los discos
son lo mismo que los libros
en casa de Cortázar:

un remanso,
      un sorbo de saudade,
            el único lugar tranquilo.

Me dan la certeza de no estar loco.

De no ser por mí, a lo mejor,
esas bandas no existirían.

De no ser por ellas, quizás,
yo estaría más solo.

STRAY CATS

Con la agresividad de dos felinos callejeros,
las guitarras de casa se niegan
en coincidir afinaciones.

El día que compramos una para mi hijo,
la mía sufrió severas arcadas,
una poco creíble agonía espasmódica
y finalmente vomitó un acorde inexistente.

Cuando quisimos ensayar,
se abalanzaron una contra otra,
rugieron y se rasguñaron
sin atender los regaños del afinador.

La última noche el pobre se dio por vencido.
Intencionalmente cercenó el costado de su batería
y el ácido brotó en terrible hemorragia.
Murió en el acto, de frustración y espanto.

Ellas sólo se miraron
y dieron media vuelta entre muecas desafiantes.

Mi guitarra; vieja y de artesanía nacional,
se hizo la desentendida,
maullando una escala a lo Pat Metheny.

La de mi hijo; electroacústica e importada,
frunció las clavijas y disimuló con un compás
bastante influenciado por Brian May.

Aunque, para ser sincero,
si escuchabas con detenimiento,

los sonidos que ronroneaban en su desafío
parecían
      un auténtico
         pleito de gatos.

UKELELE

El ukelele es una pulga que hace travesuras
entre la gran jauría de instrumentos de cuerda.
Frente a la opulencia del contrabajo,
el violonchelo y los violines,
su necedad saltarina saca de quicio a las partituras
y su facha hawaiana sonroja al hombre de la batuta.
Algunas noches solloza arrinconado en la sala;
extraña, tanto como yo, la brisa marina.
Lo cargo, masajeo sus diapasones,
le canto *"Somewhere Over the Rainbow"*
y él se duerme con un destello de paz en sus clavijas
si le prometo que uno de estos días
nos fugaremos hacia el caribe
                        y nunca regresaremos.

CALYPSO MOON

(Inspirado en una pintura de Honorio Cabraca Acosta)

A Paulina

No entiendo por qué el mar me abandonó tan lejos
del tempo de un quijongo ante la luna entera
del ritmo de sus costas y los cocoteros
y el cadáver de un barco encallado en la arena.

Quiero tomar mis bártulos y abrir sendero
hacerme una casita entre los bananales
dejar el frenesí del que busca dinero
y encenderle una velita a Mister Gavitt.

Huir del reconcomio de esta cruel metrópoli
aprenderme los ritos de la pocomía
contar a mis hijos las leyendas de Anansi
oír a Percy Dixon y Bob Marley noche y día.

Bailar contigo, amor, hasta la madrugada
un calypso de luna que nos eternice
caminar de tu mano todas estas playas
y que el sol nos despierte ancianos y felices.

No entiendo por qué el mar me abandonó tan lejos
y dejó que naciera en un puerto incompleto,
yo quiero irme a vivir a orillas de su reino
y morirme gozando al son de un calipsero.

Andar sobre los viejos rieles de los trenes
como un funambulista de las pleamares.
Salir al corredor a tocar mi ukelele
y que mis muertos bailen entre los manglares.

Volverme un tronco en Manzanillo o Puerto Viejo,
un sangrillo enraizado al filo de los criques,
la palma que se tuerce hasta beber océano.
Un paña embelesado entre los arrecifes.

Otear ciertos fantasmas con mi catalejo:
Holandés Volador y Caballo Marino.
¡Qué alegres viviríamos,
                    amor,
                              qué buen destino!
No entiendo por qué el mar me abandonó tan lejos.

CÓMICS VS ROCKSTARS

Un niño que recién conozco
insiste en averiguar
cuál es mi super héroe favorito.

Le explico que mis ídolos
no llevan capa, ni vuelan;
no lanzan rayos por los ojos
o telarañas por las manos;
        y me mira extraño.

No entiende por qué algunos cargan
un bajo o una guitarra al hombro;
otros sostienen un par de baquetas,
y los mejores aplastan el micrófono
con el poder de su garganta.

En su verborrea poblada de Vengadores,
Ligas de la Justicia, Transformers y Star Wars
sobran argumentos para demostrarme
la superioridad de sus cómics
sobre mis Rockstars.

Me compadezco de ese pecoso
de cabello colorado;
a tan corta edad, se nota que su nodriza
no ha sido otra que una pantalla.

Cuánto quisiera tener libres
la mitad de sus horas en el mundo
para poder bien gastarlas
frente a un tocadiscos
bajo el hechizo intemporal de mis bandas.

JUEVES 2 AM

En fin, no logro ya vislumbrar
en qué parte del insomnio me sentí tan miserable.
Sólo recuerdo haberme perdido
casi con un placentero autismo
con la vista fija, pero indiferente
sobre el pentagrama de telarañas de la sala.

Me sorprendí de pronto
haciendo pueriles figuras con las manos
que se calentaban con la cercanía
de la vieja lámpara.

Y de repente un simio trasmutaba
por la monotonía verde agua de la pared
en alazán despavorido,
pero casi de inmediato se hizo águila.

De sólo imaginar la estupidez
posándose sin pena en las facciones de mi cara,
me río para no maldecir mi soledad,
el cansancio que no deja soñar,
la eternidad de un jueves adusto
que amenaza con tender barricadas
en la ruta que aproxima otro fin de semana.

Desearía dormir, sin embargo,
me gasté todos los minotauros la otra noche;
hasta perdí la cuenta,
pero al verse al otro lado de la alambrada
huyeron lanzando balidos, almohada adentro,
lejos del alcance de mis párpados.

Fue así como, con la granja de mis córneas
irremediablemente vacía,
leí algo de Borges y Bretón, bebí un té,
espié unos gruesos tomos sobre Dalí,
escuché a Rachmaninov, y algo tarde por fin,
junto a todos esos muertos queridos
llegué a una conclusión:

entre tantas formas de avizorar la miseria,
la del infortunado desvelo tal vez siga siendo la mejor.

Bonus Tracks

I

Entramos a nuestra juventud sin prisa,
a 33 revoluciones por minuto.

Por las tardes, la aguja del tiempo se posaba
sobre los surcos joviales de nuestros rostros
y nos hacía cantar una tonada distinta
si ya era un nuevo invierno
o tan sólo cualquier martes.

Nos tomábamos la molestia de coleccionar amigos,
de frecuentarlos
y quitarles el polvo veraniego
o la mohosa pelusa de las navidades.

Era la marca de nuestros días;
la sana tendencia de la posesión,
de lo tangible,
no algo material, sino fraterno;
la súbita reunión en casa de Juancito
porque el chino traía un par de acordes nuevos
y por lo menos media canción
para enseñarnos en la guitarra;

correr a la biblioteca por ese tema
de química o geografía;
la alergia nocturna tras tantas horas
entre nubes de polilla y naftalina
que se alzaban de las páginas de atlas
y diccionarios descosidos;

el consuelo de toparse un compañero
en nuestro mismo apuro,

y ser ya dos exploradores
sin más brújula que la intuición
y la buena fe,
perdidos entre laberínticas repisas,
rasguñando los pedregosos lomos
de aquellos libros
que no se abrían hace siglos.

II

A 33 revoluciones transcurría yo,
que siempre fui más lento
en el amor, en talento musical,
en sociabilidad.

Pero mis congéneres corrían en 45,
y eran ellos las versiones extendidas,
el hit de moda en la pista de baile:
el *boogie*, los electrónicos,
las *macarenas*.

Yo, mientras tanto, no pasaba del demo,
del círculo de Sol
y el arpegio fallido
en la cara B de algún casete pirata
de mis bandas de grunge favoritas;
la eterna canción que jamás se terminó,
y que murió esperando
que la inspiración la abrigara
con una letra digna.

III

Aquel era el siglo de los vinilos,
oscuros bólidos girando en el tocadiscos,
tan lento que leíamos los títulos
en pleno movimiento,
admiramos el recorrido del brazo mecánico,
hacia adentro,
siempre hacia adentro,
casi levitando como aquel inocente muchacho
que yo era
y andaba de puntillas,
pensando en rima,
dibujando rostros en blanco y negro,
con la mirada baja y las manos en los bolsillos.

Hasta que un día como todos
tropezaba con unos ojos verdes,
un cabello rizado,
una sonrisa enigmática,
y el corazón me brincaba a 78 revoluciones,
pero este era ya un formato
quebradizo y obsoleto
en los noventas de Pearl Jam y de Soundgarden;
cuando Cobain era mi gurú,
la voz de mi soledad,
esa música de fondo para mi primera lectura
de aquel Quijote interminable,
noctámbulo y fortuito.

Todo mi pobre encanto se desvaneció para ellas,
mis musas de uniforme celeste,
mientras yo las inmortalizaba
en cursis hojas sueltas

que se tornaron amarillas en una gaveta;
extraña variante de la ley del Talión,
pues por esos días ellas y yo,
en plena invasión de los discos compactos,
fuimos pasando de moda,
al igual que los vinilos.

IV

Aquella fue ya la era donde la vida
conoció la tortuosa dictadura del rayo láser.

Empezamos a prescindir del contacto visual,
primero con los *CD's*
que giraban ocultos
dentro de herméticos reproductores;
después quedaron los amigos
enclaustrados como simples voces
en sus teléfonos móviles.

Nos dijeron que este formato
evitaba ralladuras y los saltos bruscos,
y así nació otra generación más sofisticada,
víctima del engaño de su durabilidad.

Pronto se vería que *CD's* y amistades
serían vulnerables a ciertas inclemencias
o abusos en el trato directo,
y se inventaron métodos tecnológicos
de respaldo en un ordenador
para prevenir su deterioro.

Las canciones se volvieron ruidos
en formato *mp3*,
y los amigos simples códigos binarios;
unos y ceros sucediéndose
en la pantalla de un chat
o de una red social,
          infinitesimalmente.

V

Perdimos la costumbre del contacto.
Ya no compramos el disco físico
para engrosar la colección;
descargamos melodías cada vez más volátiles
y cuando nos hartamos de ellas,
con un lapidario **shift + delete**
las botamos del disco duro,
estantería de vanas joyas intangibles
que abren espacio a la soledad
en nuestras pequeñas habitaciones.

Y los amigos,
(¿qué tal si los llamamos seguidores o contactos?)
por un *click* llegan un día,
con un *click* hablamos,
nos enviamos correspondencia,
con un *click* intercambiamos fotos,
libros y discos digitales,
con un *click* nos citamos en la nube
de las compañías incorpóreas,
con un *click* nos flirteamos,
nos desnudamos sobre las sábanas del web cam,
del cybersex,
apología de la frialdad y el vacío interno,
con un *click* somos infieles,
nos herimos,
nos disgustamos y finalmente
con un liberador y trascendental *click*
los expulsamos para siempre
de nuestras vidas virtuales.

VI

Códigos binarios nada más;
sin pulso, sin corazón y sin aroma.

Qué triste y robótica suena
nuestra canción de amor en *mp3*.

La tecnología en remplazo del afecto humano.

La profecía del viejo Einstein
        fatalmente cumplida.

VII

Añoro el salto de la aguja,
        el *scratch*, los rayonazos,
los lentos atardeceres
a 33 revoluciones por minuto.

Añoro abrazar a mis amigos del colegio,
escribir con lapicero un poema
a la mujer que amo,
caminar hasta la oficina de correos,
pagar las estampillas
y hacerme el desentendido
hasta que dos días después
el cartero toque la puerta,
sobre en mano
y ella, sorprendida,
lea mis versos
en el mismo umbral de la casa
que compartimos hace años.

Extraño las sesiones de guitarra y café
donde poníamos a prueba el buen oído
descifrando los misteriosos acordes
de *Dust in the Wind, All Apologies*
y *Stairway to Heaven.*

Añoro rebobinar con un lápiz
las cintas de los casetes
que hace décadas tiré en un baúl
lleno de cosas inservibles.

Añoro la mañana cuando,
sin conocer aún el atuendo escolar,

crucé a casa de mis vecinos,
sacamos un acetato de su padre el matemático
y, sin entender ni una palabra,
brincamos y berreamos como locos
con el *Twist and Shout* de los Beatles.

Han pasado más de treinta años
y algo dentro de mí
sigue bailando y coreando
un *"Shake it out baby"* interminable.

VIII

Tengo alma flexible de Long Play,
y tantos recuerdos enrollados
como la cinta de un casete,
que el día que decida soltarles la carrucha,
la historia que escriba,
si supiera cómo hacerlo,
hará que los siete tomos de la saga de Proust
parezcan un cuento corto.

Extraño los partidos de primera división
que me perdí en plena gradería de sol
por jugar al galán de telenovela
con un par de chiquillas
que no pasaron de ser buenos prospectos.

Recuerdo los viejos cines de mi Puerto Sin Mar,
donde superé el miedo a la oscuridad
viendo *Jurassic Park* y los *Gremlims*,
y me alcanzaron para llevar a mi hija mayor,
aún en pañales,
a la premier de *"Buscando a Nemo"*.

Aún toco y canto de memoria
algunas canciones de Nirvana,
moqueo al escuchar a Nick Drake o Bob Dylan,
y repitiendo *"Los Heraldos Negros"* de Vallejo,
como un loro gris y nostálgico.

IX

Soy de la generación
de los muchachos del vinilo.

Recorro en sueños los pasillos del colegio
con camisas de franela
y *"burros"* con punta de metal.

Me encuentro a doña Vilma
y sus conjugaciones verbales,
a Hendrix con su Fender incendiada,
a Eddie Vedder o a *"Matica"*,
aquel condiscípulo cuya aguja
saltó trágicamente al otro lado;
al profesor Pearson y su cronómetro
alentándome a entrenar para *"la milla"*,
y por ir saludándolos a todos
me distraigo y me embarro las suelas
con las gracias de Rocinante y de Babieca.

X

Me he vuelto un cuarentón anticuado
que frecuenta compra y ventas
en una insaciable búsqueda de libros,
discos y otros tesoros
de segunda mano.

Por eso apunto mis vivencias
con el mismo fervor del niño
que dibuja sus ilusiones para poder tocarlas.

Y por eso me ha dado por ver atrás
y asegurarme
de no dejar tiradas
en el trayecto
algunas hebras de mi vida.

ACERCA DEL AUTOR

William Velásquez Vásquez, nació en Turrialba Costa
Rica en 1977. Estudió Diseño Publicitario en la Universi-
dad Autónoma de Centroamérica (UACA). Ha escrito ar-
tículos de opinión, reseñas, poemas y narraciones en las
Revistas *Lectores, Turrialba Desarrollo* y *Cartago Mío*. Fue
miembro del Taller de Poesía Nuevo Paradigma. Forma
parte del equipo de gestión cultural de Turrialba Literaria.
Su cuento *"La Anciana sin Rostro"* se ha publicado en la an-
tología Crónicas de lo Oculto (Editorial Club de Libros,
2016). Poemas de su autoría aparecen en las antologías *Vo-
ces del Café* (Nueva York Poetry Press, 2018) y *Entra-Mar II*
(Sakura Ediciones, Colombia, 2019), así como en las pági-
nas literarias *Norte/Sur* (México) y *Literariedad* (Colombia).
Actualmente colabora como redactor en la revista digital
Glass Onion (Argentina). Su primer poemario, *"Los dictados
del mar"*, fue publicado por Nueva York Poetry Press en
2018.

ÍNDICE

TOCADISCOS

33 r.p.m.

45 r.p.m.

Bonus Tracks

Colección
TRÁNSITO DE FUEGO
Poesía centroamericana y mexicana
(Homenaje a Eunice Odio)

Colección
SOBREVIVO
Poesía social
(Homenaje a Claribel Alegría)

1
#@nicaragüita
María Palitachi

***

Colección
CRUZANDO EL AGUA
Poesía traducida al español
(Homenaje a Sylvia Plath)

1
The moon in the cusp of my hand /
La luna en la cúspide de mi mano
Lola Koundakjian

Colección
PIEDRA DE LA LOCURA
Antologías personales
(Homenaje a Alejandra Pizarnik)

Colección
MUNDO DEL REVÉS
Poesía infantil
(Homenaje a María Elena Walsh)

1
Amor completo como un esqueleto
Minor Arias Uva

***

Colección
MEMORIA DE LA FIEBRE
Poesía de género y epistemología
(Homenaje a Carilda Oliver Labra)

Colección
LOS PATIOS DEL TIGRE
Nuevas raíces – Nuevos maestros
(Homenaje a Miguel Ángel Bustos)

1
Fragmentos Fantásticos
Miguel Ángel Bustos

2
En este asombro, en este llueve
Antología poética 1983-2016
Hugo Mujica

3
Ceremonias de la sed
Mery Yolanda Sánchez

4
Bostezo de mosca azul
Álvaro Miranda

Para los que piensan como Jimi
Hendrix que *la historia de la vida es más
rápida que el guiño de un ojo,* este libro se
terminó de imprimir en el mes de
abril de 2020 en los Estados Unidos
de América.